NATIONAL GEOGRAPHIC KiDS

Für kleine Entdecker

LONDON

Texte von Daniela Celli

Illustrationen von Laura Re

LIEBE ELTERN,

heutzutage gibt es jede Menge Hilfsmittel, um Erwachsenen das Reisen mit Kindern zu erleichtern. Aber soll ich Ihnen ein Geheimnis verraten? Nichts ist wirkungsvoller als eine gute Geschichte! Mit Geschichten verkürzte der Brite Rudyard Kipling, der Autor des *Dschungelbuchs*, seinen Kindern lange Reisen mit dem Dampfschiff nach Afrika, und der schottische Schriftsteller James Matthew Barrie amüsierte die Kinder einer Londoner Freundin in den Kensington Gardens. Das waren Begegnungen, die ihn zu seinem Buch *Peter Pan* inspirierten. Dieses Buch soll Ihnen dabei helfen, eine Reise nach London zu einem spannenden Erlebnis für die ganze Familie zu machen. Es ist ein Reiseführer, gespickt mit lauter tollen Geschichten und Wissenswertem für die Reise – oder für eine Fantasiereise daheim auf der Couch. Auf den folgenden Seiten finden Sie alle Abenteuer, die ich mit meinen Kindern beim Erkunden der britischen Hauptstadt erlebt habe, außerdem gibt's ein paar unglaubliche Fakten und eine Prise von diesem *supercalifragilisticexpialigetischem* Lebensgefühl, das London all jenen vermittelt, deren Fantasie die Stadtlandschaft zum Leben erweckt.

BG gewidmet, meinem Jazz
auf der Straße nach Oz

Daniela Celli

GOOD MORNING KIDS, DARF ICH MICH VORSTELLEN?

Mein Name ist SIR RAVEN, und ich freue mich schon sehr darauf, euch durch LONDON zu begleiten! Ich bin mir sicher, wir werden viel Spaß haben, denn diese Stadt steckt voller faszinierender Orte und spannender und mysteriöser Geschichten. Wusstet ihr beispielsweise, dass jedes Jahr an Weihnachten EIN GESPENST durch die Räume des Buckingham Palace spukt? Und dass es im Naturhistorischen Museum einen riesigen T-REX gibt, der regelmäßig zum Leben erwacht?

Aber schön der Reihe nach: Ich habe mir für euch VIER VERSCHIEDENE ROUTEN überlegt, die uns zu allerlei fantastischen Orten und Persönlichkeiten führen. Am Anfang jeder Route steht EINE KARTE, auf der die Stationen eingezeichnet sind, und daneben einige interessante Infos. Außerdem habe ich mir für den Weg durch die Stadt ein paar lustige SPIELE für euch ausgedacht.

DANN MAL LOS, MEINE FREUNDE! *LET'S GO!*

ÜBERBLICK

ROUTE 1

ROUTE 2

ROUTE 3

ROUTE 4

LONDON

Good Morning
und willkommen in London!

ROUTE 1

Heute lernen wir die Geschichten und Sehenswürdigkeiten in einem der berühmtesten Stadtbezirke der britischen Hauptstadt kennen: der *City of Westminster*. Das ist praktisch eine Stadt in der Stadt! Dieses große Viertel liegt nördlich der Themse, wo sich, umgeben von herrlichen Parks, der Palast des Königs befindet.

HIER BEGINNT UNSER ABENTEUER!

- **Jedem sein Stadtviertel**

London ist in 32 Bezirke unterteilt. Sie werden *Boroughs* genannt. Die Bezirke haben eigene Namen und eigene Wappen, die häufig mit echten oder legendären Tieren wie Adlern oder Drachen geschmückt sind. Das Symbol der City of Westminster ist ein Wappenschild, das von zwei Löwen gehalten wird.

- **Ein Geschenk an die Götter**

Durch London fließt die Themse, der zweitlängste Fluss Großbritanniens. Hier sollen mehrere Gespenster ihr Unwesen treiben. In der Antike, als die Römer in der Stadt waren, boten sie ihren Göttern offenbar Gaben dar, indem sie diese in den Fluss warfen. Einige davon, wie den *Battersea-Schild*, kann man im *British Museum* besichtigen.

BUCKINGHAM PALACE

Es ist mir eine riesige Freude, euch die erste Station unserer Route zu präsentieren! *Welcome to the palace!*

Buckingham Palace ist die offizielle Residenz des englischen Königs CHARLES III.

Im Palast gibt es 775 Zimmer, davon 52 königliche Schlafzimmer und Gästezimmer, 188 Schlafzimmer für das Dienstpersonal und stattliche 78 Badezimmer! Der königliche Sitz umfasst zudem ein Kino, ein Hallenbad, eine Arztpraxis, ein Postamt, einen Bankautomaten und vieles mehr!

An der Rückseite des Palasts liegt ein großer Garten, so groß wie zwanzig Fußballfelder. Zu seinen Highlights zählen ein herrlicher Rosengarten, ein großer See und sogar eine kleine Insel, auf der sich die königlichen Bienenstöcke befinden, die den Honig liefern, mit dem die königlichen Chefköche die Torten und Süßigkeiten für die königliche Familie garnieren!

• Die Wachablösung der königlichen Garde

Vor dem Tor des Buckingham Palace kann man die Zeremonie bewundern, bei der die Soldaten sich gegenseitig ablösen. Die Wachen tragen rote Uniformen und die typischen Bärenfellmützen. Wisst ihr, wieso die so hoch sind? Damit sollten die Soldaten früher auf dem Schlachtfeld größer und furchteinflößender aussehen!

WOLLT IHR EIN PAAR GEHEIMNISSE DES *BUCKINGHAM PALACE* WISSEN?

- **Ein gespenstischer Gast**

An der Stelle, an der sich heute der Buckingham Palace befindet, stand früher ein Kloster. Vielleicht erklärt das, weshalb jedes Jahr zu Weihnachten der Geist eines Mönchs in den Räumlichkeiten des Palasts umhergeht und mit seinen Ketten klirrt.

JEDES JAHR GIBT ES WIEDER LEUTE, DIE SCHWÖREN, SIE HÄTTEN DAS GESPENST GESEHEN – GLAUBT IHR AN GEISTER?

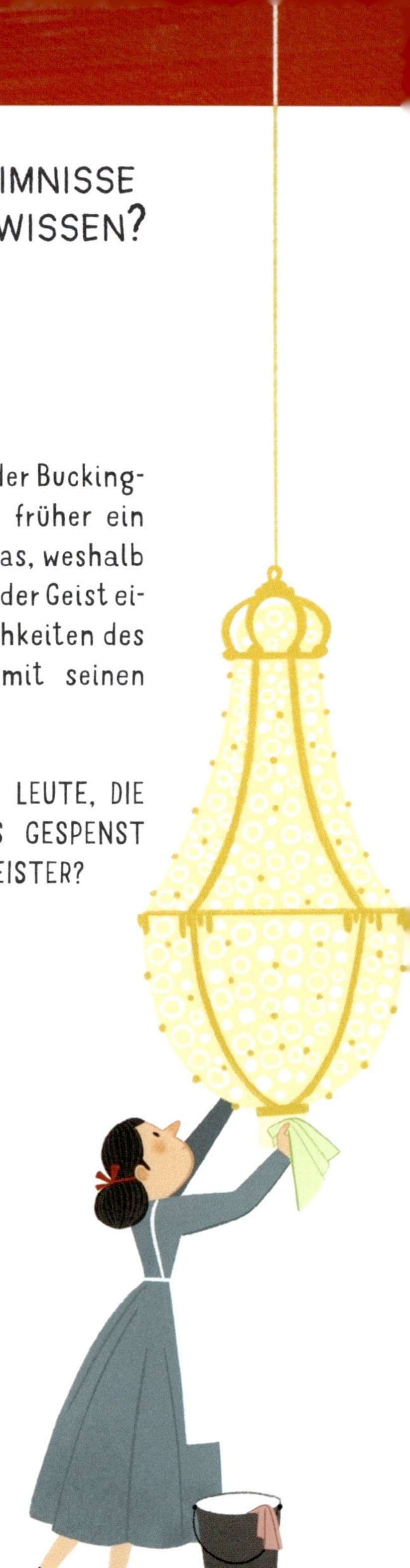

- **Ferngesteuerte Kronleuchter**

Noch bis vor gar nicht langer Zeit war das Putzen der riesigen Kronleuchter im Palast ein aufwendiges Unterfangen. Ein ganzes Heer an Arbeitern musste die unzähligen Kristalltropfen entstauben und sich dafür auf hohe, wacklige Leitern wagen.

HEUTE GEHT DAS VIEL LEICHTER: MAN DRÜCKT EINFACH AUF DEN KNOPF EINER FERNBEDIENUNG, UND SCHON FAHREN DIE KRONLEUCHTER AUTOMATISCH AUF HÖHE EINES MENSCHEN HERUNTER!

• Alle Zeit der Welt

Im Palast des Königs gibt es sage und schreibe sechshundert Uhren! Zweimal im Jahr zum Wechsel von Sommer- und Winterzeit rückt ein Team von Uhrenexperten an und stellt die Zeiger eine Stunde vor oder zurück. Wisst ihr, wie lange sie dafür brauchen?

ZWEI GANZE TAGE!

• Klingeln nicht nötig

Ihr wollt wissen, ob der König zu Hause ist? Dafür reicht es zu überprüfen, welche Fahne auf dem Buckingham Palace weht! Ist die königliche Standarte, der „Royal Standard" gehisst, heißt das, König Charles III. hält sich im Palast auf. Ist er hingegen auf Reisen, hängt am Mast die englische Flagge, der „Union Jack".

PRAKTISCH, NICHT WAHR?

WELCHE DIESER TATSACHEN HAT DICH AM MEISTEN ERSTAUNT?

ST. JAMES'S PARK

Willkommen im *St. James's Park*,
dem ältesten königlichen Garten Londons!

In der Vergangenheit befand sich hier ein regelrechter Sumpf! 1532 erwarb KÖNIG HEINRICH VIII. das Anwesen und ließ es trockenlegen. Über die Jahrhunderte veränderten und verschönerten die Monarchen den Park nach ihrem Geschmack. KÖNIG JAKOB I. – auf Englisch heißt er KING JAMES I., der ein Faible für exotische Tiere hatte, siedelte hier Krokodile, Kamele und sogar einen Elefanten an!

Heute ist der Park eine grüne Oase mit bunten Blumenbeeten und unzähligen Eichhörnchen.

Mitten im Park liegt ein See mit zwei Inseln. Sie heißen West Island und Duck Island. Eine Brücke mit wundervoller Aussicht führt hinüber. Außerdem gibt es ein Gehege mit Dutzenden verschiedenen Vogelarten, darunter Enten, Schwäne und majestätische Pelikane.

Suchspiel

Die Tiere von König JAKOB I. sind in den Park zurückgekehrt! Erinnert ihr euch noch, welche das waren? VERSUCHT SIE ZU FINDEN!

WESTMINSTER ABBEY

Come on, liebe Freunde, auf in die Abteikirche!

Westminster Abbey ist eine der berühmtesten Kirchen der Welt und Hauptsitz der anglikanischen Kirche. Hier werden die britischen Königinnen und Könige gekrönt, königliche Hochzeiten abgehalten und berühmte historische Persönlichkeiten beigesetzt.

• Ein legendärer Raub

Unter dem *Coronation Chair*, dem Thron, auf dem seit über 700 Jahren die englischen Königinnen und Könige gekrönt werden, befindet sich ein legendärer Stein, der *Stone of Scone*. Dieser diente einst als heiliges Krönungsrelikt für die schottischen Königinnen und Könige und wurde vom englischen König Edward I. nach England verschleppt. 1950 gelang es vier schottischen Studenten – drei Männern und einer Frau –, den Stein zu rauben, aber auf der Flucht rutschte ihnen der Stein aus den Händen und brach der Studentin zwei Zehen!

DER STEIN WURDE NACH DEM ZWISCHENFALL AN SCHOTTLAND ZURÜCKGEGEBEN, WO ER HEUTE IM SCHLOSS VON EDINBURGH AUFBEWAHRT WIRD.

Finde die Unterschiede!

Die Füße des Throns von König Edward I. sind mit goldenen Löwen verziert. Entdeckt ihr die 6 Unterschiede zwischen den beiden Löwen auf dem Bild?

BIG BEN

Da ist er, der *Big Ben*!

Anders als die allermeisten Leute denken, ist Big Ben nicht der Name des Uhrturms am *Palace of Westminster*, sondern der größten Glocke darin.

Auf ihrem Weg von der Glockenschmiede nach Westminster musste sie aufgrund ihres enormen Gewichts – die Glocke wiegt so viel wie ein T-Rex und ein Triceratops zusammen – auf einem von sechzehn Pferden gezogenen Wagen transportiert werden.

• Ein charakteristischer Klang

Die Glocken des Uhrturms erklangen zum ersten Mal im Juli 1859, aber nach nur wenigen Monaten entstand ein Riss in der *Great Bell* (so wird Big Ben auch genannt). Der Riss wurde nie repariert. Stattdessen wurden Stücke herausgeschnitten, um eine Verschlimmerung des Risses zu verhindern, und die Glocke wurde leicht gedreht. Dadurch hat sie einen so unverwechselbaren Klang!

• Eine gute Ausrede fürs Zuspätkommen

Obwohl sich ein Uhrmacher darum kümmert, dass die Uhr immer die genaue Uhrzeit anzeigt, haben im Laufe der Jahre einige unvorhergesehene Ereignisse eine Verzögerung verursacht.

1944 BEISPIELSWEISE SETZTE SICH EIN VOGELSCHWARM AUF DEN MINUTENZEIGER UND VERSCHOB IHN MIT SEINEM GEWICHT UM EIN PAAR MILIMETER. ICH SCHWÖR'S BEI MEINER RABENEHRE, ICH HATTE NICHTS DAMIT ZU TUN!

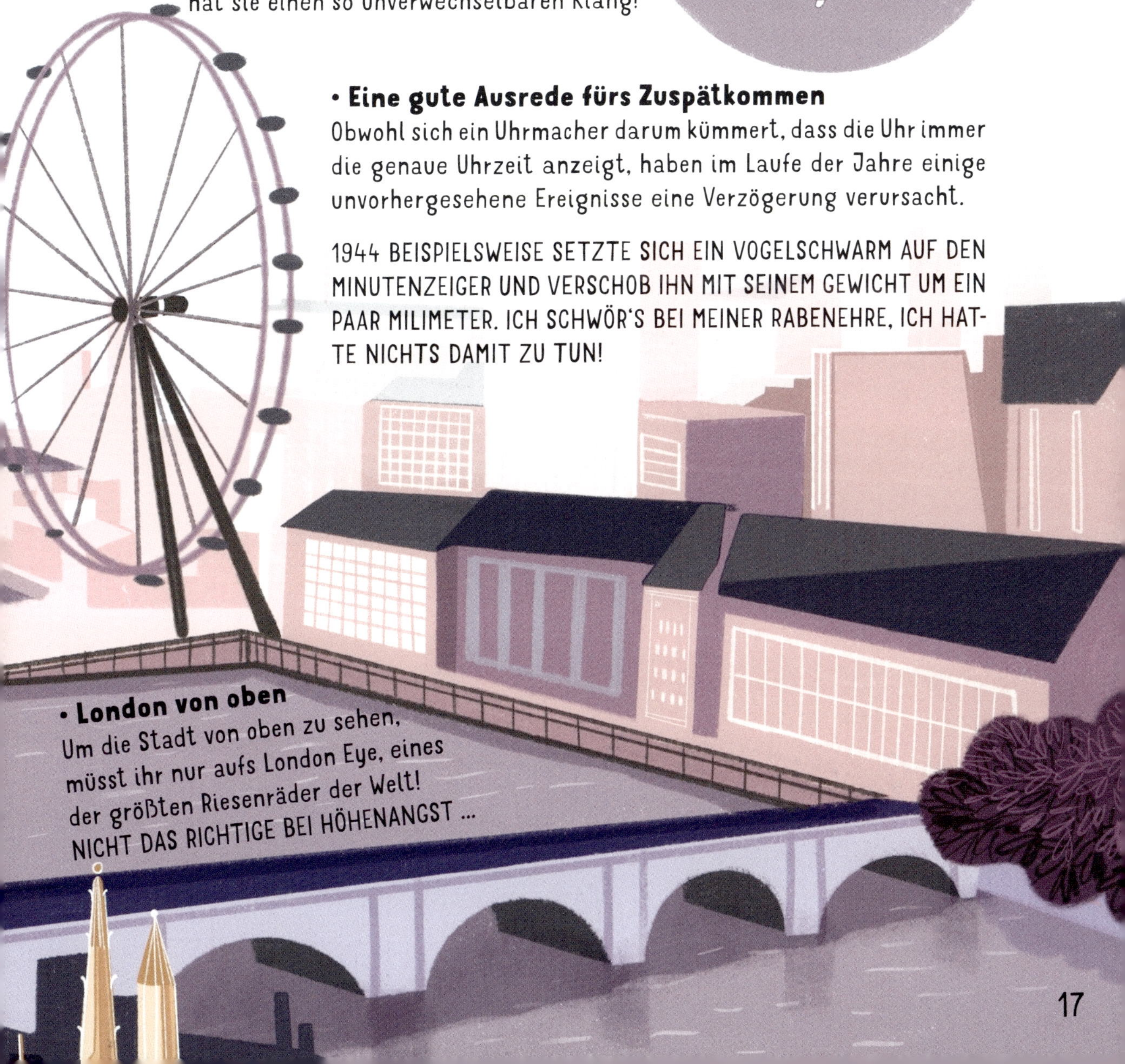

• London von oben

Um die Stadt von oben zu sehen, müsst ihr nur aufs London Eye, eines der größten Riesenräder der Welt! NICHT DAS RICHTIGE BEI HÖHENANGST ...

Seid ihr bereit für ein neues Abenteuer?

ROUTE 2

Unser heutiger Rundgang beginnt im wunderschönen Stadtviertel Kensington, wo wir uns eines der berühmtesten Naturgeschichtlichen Museen der Welt ansehen werden. Anschließend genehmigen wir uns einen Tee im Park, und zum Schluss zeige ich euch ein paar Orte, die berühmten Figuren aus Büchern und Filmen gewidmet sind! Seid ihr gespannt, um wen es sich dabei handelt?

Also dann los, *let's 'go!*

• Ein berühmt-berüchtigter Weg

Am *Hyde Park* entlang verläuft ein ruhiger, sandiger Spazierweg namens *Rotten Row* – der Name bedeutet etwa „Heruntergekommener Weg". Woher dieser ungewöhnliche Name stammt? Das ist nicht sicher geklärt. Auf jeden Fall trieben sich hier in früheren Zeiten üble Gestalten herum, die nachts Passanten überfielen.

Im Jahr 1690 veranlasste König Wilhelm III. daher, dass entlang des Wegs dreihundert Öllampen installiert wurden. Dadurch entstand eine der ersten beleuchteten Straßen Englands.

• Explosive Geburtstage

In London ist es Tradition, zu wichtigen Anlässen, etwa königlichen Geburtstagen, Salutschüsse mit der Kanone abzufeuern. Normalerweise wird 21-mal gefeuert. Im *Hyde Park* und im *Green Park* erschallen jedoch 20 Salutschüsse zusätzlich, weil es sich um königliche Gärten handelt!

NATURAL HISTORY MUSEUM

Hier gibt's viel zu entdecken!

Das Museum zur Naturkunde, *Natural History Museum,* beherbergt eine der größten naturhistorischen Sammlungen weltweit. Auf vier Etagen sind über 70 Millionen Ausstellungsstücke zu sehen, angefangen bei giftigen Spinnen bis hin zu furchterregenden Meeresreptilien. Eine große Abteilung ist den Dinosauriern gewidmet: Hier findet ihr zwischen faszinierenden prähistorischen Skeletten einen RIESIGEN T-REX!

• Safari-Feeling für kleine Abenteurer!
Du wolltest schon immer mal auf Safari gehen? Kein Problem! Am Info-Schalter im Museum bekommst du einen Safarihut und ein Fernglas, und schon kann's losgehen! Jetzt kannst du die größten Säugetiere der Erde bewundern: ausgestorbene Mammuts, einen Riesenelch, Giraffen, Nilpferde und das gigantische Skelett eines Blauwals.

• *Diplodocus*

Seit über einem Jahrhundert gehört die Rekonstruktion eines riesigen DIPLODOCUS zu den besonderen Attraktionen des Museums. Der riesige Saurier mit dem langen Hals beherrscht die ganze Eingangshalle – wenn er nicht gerade durch ganz Großbritannien tourt.

DER SAURIER HAT EINEN SPITZNAMEN: SUCHT DIE SYMBOLE IM BILD UND ÜBERTRAGT DIE BUCHSTABEN!

HYDE PARK & KENSINGTON GARDENS

Die beiden königlichen Parks bilden eigentlich eine zusammenhängende Parkanlage, die so groß ist wie 350 Fußballfelder!

Der *Hyde Park* ist der größte der königlichen Parks in London. Mitten hindurch windet sich ein lang gestreckter See, *Serpentine Lake* genannt, was „gewundener See" bedeutet. Hier wurde 1814 der britische Sieg in der Seeschlacht von Trafalgar nachgestellt – mit Modell-Segelschiffen und Feuerwerk! Heute ist der See idyllisch. Man kann Ruderboote mieten und sogar baden.

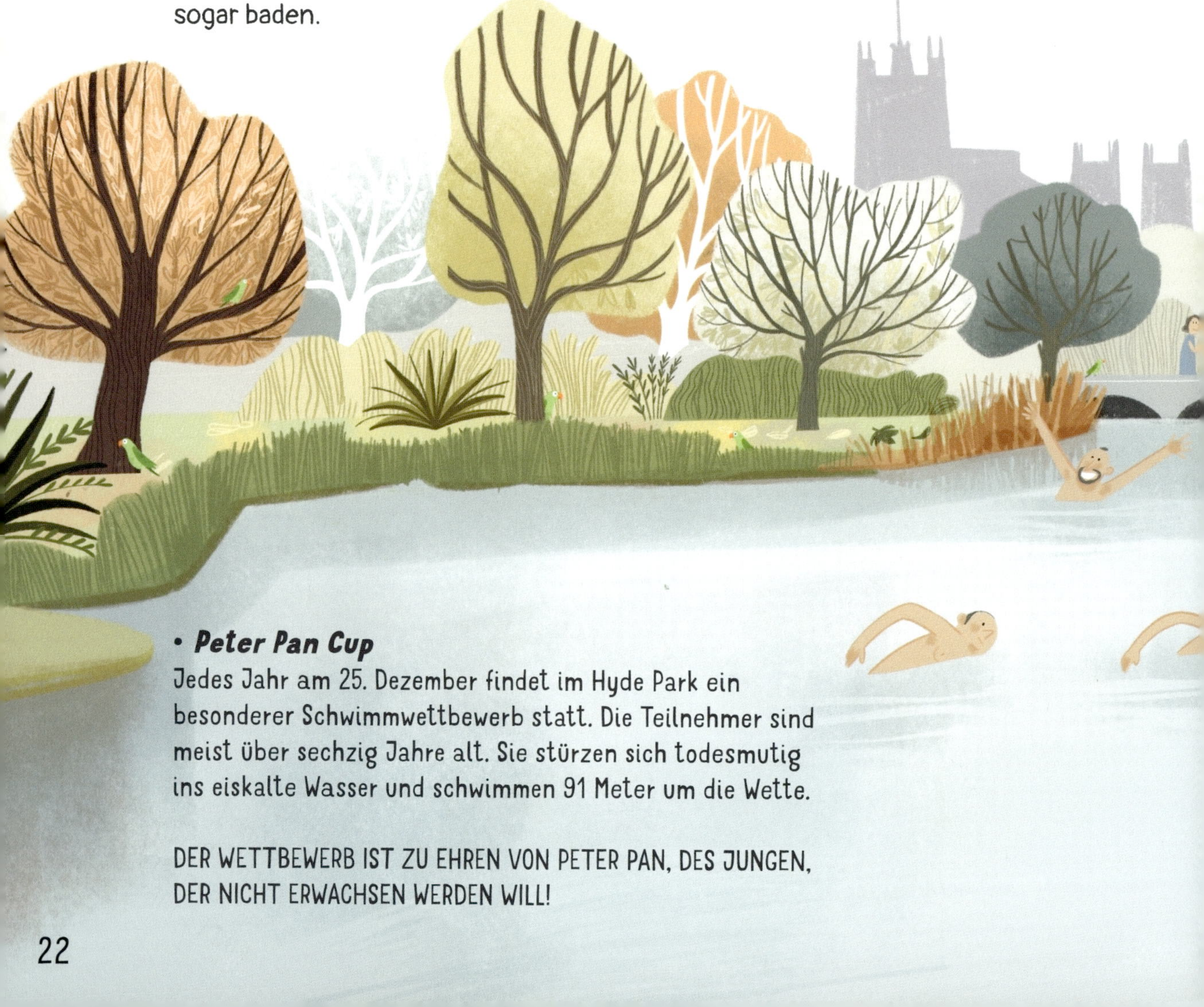

- ***Peter Pan Cup***

Jedes Jahr am 25. Dezember findet im Hyde Park ein besonderer Schwimmwettbewerb statt. Die Teilnehmer sind meist über sechzig Jahre alt. Sie stürzen sich todesmutig ins eiskalte Wasser und schwimmen 91 Meter um die Wette.

DER WETTBEWERB IST ZU EHREN VON PETER PAN, DES JUNGEN, DER NICHT ERWACHSEN WERDEN WILL!

Die *Kensington Gardens* dienten einst als private Gärten des Kensington Palace, wo seit dem 17. Jahrhundert die königliche Familie wohnt. Heute ist es ein öffentlicher Park, in dem Besucher vorbei an Blumenbeeten und Statuen spazieren gehen können. Und welche ist wohl die Lieblingsstatue aller Kinder? Peter Pan!

• Wie wär's mit einem Tee?

In der Orangerie des *Kensington Palace* gibt es vorzüglichen *afternoon tea*, den „Nachmittagstee“, der in England Tradition ist! Zu einer Kanne Tee werden Torten, mit Sahne und Marmelade gefüllte *Scones*, das sind süße Brötchen, und Sandwiches serviert.

Suchspiel

In den Kensington Gardens leben grüne Papageien mit rotem Schnabel, sogenannte Halsbandsittiche. FINDET IHR ALLE 8?

PADDINGTON BEAR

Herzlich willkommen am Bahnhof *Paddington*!

No, my friends – nein, meine Freunde, wir sind nicht hier, um mit dem Zug zu fahren, sondern um eine ganz entzückende Statue zu bewundern: Paddington Bear! Dazu geht ihr zum Gleis 1, genau dorthin, wo in der Buchverfilmung Familie Brown den Bären findet.

• Wer ist Paddington?

Paddington ist die berühmte Figur, die MICHAEL BOND in seinem 1958 erschienenen Kinderbuch EIN BÄR NAMENS PADDINGTON erfand. Die Idee dazu kam dem Autor, als er in einem Geschäft einen einsamen Teddybären entdeckte, ihn kurzerhand seiner Frau schenkte und nach dem Bahnhof Paddington benannte, in dessen Nähe sie lebten.

• Lernen wir Paddington Bear näher kennen:

1 Ursprünglich kommt er aus dem fernen Peru.

2 Als Schleckermaul liebt er Bitterorangenmarmelade.

3 Unter seinem Hut hat er immer ein Sandwich für Notfälle dabei.

4 Der niedliche Bär gerät von einem Schlamassel in den nächsten!

5 Er wohnt bei Familie Brown in London, *Windsor Garden* 32.

SHERLOCK HOLMES MUSEUM

Seid ihr schon gespannt, was wir in der Baker Street machen?

In dieser Straße, in Hausnummer 221B, lebt die bekannteste Romanfigur, die der berühmte britische Schriftsteller ARTHUR CONAN DOYLE erfand: *Sherlock Holmes*!

Heute befindet sich hier ein Museum, das dem genialen Meisterdetektiv gewidmet ist, und ein Stück weiter, nahe dem U-Bahn-Ausgang, steht seine Statue: Sie zeigt ihn ganz unverkennbar in seinem typischen Mantel mit Pellerine, mit Hut und Pfeife.

• **Lernen wir Sherlock Holmes näher kennen:**

1 Er ist ein Meister der logischen Schlussfolgerung.
2 Nichts reizt ihn mehr als unlösbare Fälle.
3 Um unerkannt zu bleiben, schlüpft er häufig in Verkleidung.
4 Er raucht gerne Pfeife und spielt Geige.
5 Sein treuer Gefährte heißt Dr. Watson.

FANTASTISCHE PERSÖNLICHKEITEN!

„Supercalifragilistigexpialigetisch.
Dieses Wort klingt durch und durch furchtbar, weil synthetisch."
Ach, ich liebe es einfach, über London zu fliegen und die Lieder
von *Mary Poppins* zu singen!

• Ein ganz besonderes Kindermädchen

Wer wünscht sich nicht eine solche Nanny! Mit einem Sprung landest du mit ihr in einer Zeichnung, und in ihrer Handtasche scheinen unendlich viele Dinge Platz zu haben, sogar eine Lampe!

Der Film *Mary Poppins*, der auf dem Buch der Schriftstellerin PAMELA LYNDON TRAVERS basiert, erschien im Jahr 1964. Bis heute erfreut er sich großer Beliebtheit – bei Kindern wie bei Erwachsenen.

Die Handlung spielt in London. Tatsächlich erkennt man viele Orte aus dem Film wieder, wenn man zwischen Big Ben, Westminster und Kensington umherspaziert.

• Der Junge, der nicht erwachsen werden wollte

Viele kennen *Peter Pan*, den Jungen, der fliegen kann und mit anderen heimatlosen Jungen auf der Insel Nimmerland lebt. Aber wusstet ihr, dass JAMES MATTHEW BARRIE diese Abenteuergeschichte verfasst hat?

Der Schriftsteller lernte bei einem Spaziergang durch die Kensington Gardens eine Familie mit fünf Jungs kennen. Dies brachte ihn auf die Idee zu der Geschichte um den Jungen, der nicht erwachsen werden will.

• Der berühmteste Zauberer der Welt

Harry Potter, die berühmte Figur aus den Romanen von J. K. ROWLINGS, ist ein Waisenkind. Er wächst bei schrecklichen Verwandten auf. Sein Leben ändert sich aber komplett, als er am Abend seines elften Geburtstags eine Einladung in die Zauberschule Hogwarts erhält.

WISST IHR, WO DER ZUG ZUR ZAUBERSCHULE ABFÄHRT? AM BAHNHOF KING'S CROSS IN LONDON!

AM GLEIS 9 ¾ – AUSGESCHILDERT ALS PLATFORM ¾ – KÖNNT IHR EIN FOTO VON EUCH MIT HARRYS BERÜHMTEM GEPÄCKWAGEN MACHEN.

Ein weiterer Tag unterwegs durch London!

ROUTE 3

Heute beginnen wir unseren Spaziergang im Herzen des Viertels Bloomsbury, wo sich das einzigartige British Museum, das Nationalmuseum Großbritanniens, befindet. Jede Abteilung ist einer anderen Region und Epoche gewidmet. Ein Besuch dort ist, als würde man eine Zeitreise unternehmen! Aber es gibt in der Nähe des Museums noch mehr zu entdecken. Könnt ihr mir sagen, welche anderen Etappen ihr auf der Karte findet?

- **Stinkende Straßenlampen**

Bevor die Elektrizität erfunden war, wurde London von Gaslaternen erleucht. Einige davon, zum Beispiel die, die noch heute in der *Carting Lane* stehen, verwendeten Methangas aus den Abwasserkanälen der Stadt. Dadurch lag ein so übler Geruch in der Luft, dass die Straße scherzhaft „*Farting Lane*“ genannt wurde, was so viel heißt wie ... FURZGASSE!

- **Museen für jeden Geschmack**

Ihr interessiert euch für Magie? *No problem*, dafür gibt es *The Magic Circle!*
Ihr findet alte Handfächer schön? Im *Fan Museum* könnt ihr über fünftausend Exemplare bewundern!
Ihr seid verrückt nach Comics? Dann ist das *Cartoon Museum* genau das Richtige.
In London gibt es Hunderte von Museen, da ist für jeden und jede etwas Passendes dabei!

BRITISH MUSEUM

All day long … Für dieses Museum lohnt sich ein ganzer Tag!

Das *British Museum* ist eines der größten und ältesten Museen der Welt. In dem Gebäude, das an einen riesigen griechischen Tempel erinnert, lagern über 8 Millionen Ausstellungsstücke, die die Geschichte der Menschheit seit Anbeginn erzählen. Besucht doch mal „Ginger“, den rothaarigen Mumien-Mann aus Ägypten!

• Ein großer Sammler

Von Kindesbeinen an hatte Sir Hans Sloane, ein britischer Arzt und Naturforscher, eine Leidenschaft für kuriose Funde. Seine Sammlung zählte über 70 000 Objekte aller Art, darunter getrocknete Pflanzen, Münzen, Bücher und Manuskripte. Als er 1753 starb, vermachte er dem Land seine riesige Sammlung. Sie bildete den Grundstein für das British Museum.

HABT IHR AUCH EINE SAMMLUNG?

• British Library

Nicht weit vom Museum befindet sich die *British Library*. Die Nationalbibliothek besitzt nicht nur wertvolle alte Schriften, sie beherbergt auch sämtliche Bücher, die je in Großbritannien erschienen sind! Der Bestand ist so groß, dass für den Transport der Bücher in den Lesesaal Förderbänder wie am Flughafen benutzt werden! Viele alte Bücher sind im Lesesaal zu sehen. Sie stehen in hohen Regalen hinter Glas.

HIER DIE KURIOSESTEN GESCHICHTEN DES MUSEUMS!

• Heiliger Mistkäfer

(Saal 63)

In der Abteilung zum alten Ägypten findet sich zwischen Mumien und Pharaonen die Skulptur eines riesigen Mistkäfers. Sein lateinischer Name ist *Skarabäus sacer*, das entspricht seinem deutschen Namen Heiliger Pillendreher. Der Käfer formt aus Dung – also aus Mist – eine Kugel, die zusammen mit den Eiern vergraben wird. Der Dung dient den später schlüpfenden Larven als Futter. Als die Ägypter sahen, dass aus diesen eigenartigen Nestern neue Käfer schlüpften, begannen sie, die Tiere als Symbol der Auferstehung zu verehren.

• Der Fishpool Hoard

(Saal 40)

1966 wurde bei Arbeiten in den Wäldern von *Sherwood Forest* ein sagenhafter Schatz gefunden. Er besteht aus 1237 Goldmünzen und wertvollem Schmuck und war dort offenbar vor über fünfhundert Jahren auf der Flucht vergraben worden.

OB DA WOHL EIN GEWISSER ROBIN HOOD DAHINTERSTECKT?

• Hoa Hakananai'a, der Moai der Osterinsel

(Saal 24)

Was ist das für eine steinerne Figur – über zwei Meter groß, die Lippen geschlossen, das Kinn vorgereckt? Das ist *Hoa Hakananai'a*, eine der ursprünglich rund 1000 Statuen der Osterinsel, die als Moai bezeichnet werden.

WELCHE BEDEUTUNG DIE STATUEN HABEN, IST BIS HEUTE EIN RÄTSEL, ABER IN DER MYTHOLOGIE DES VOLKS „RAPA NUI" STANDEN SIE FÜR DIE VORFAHREN UND DIE VERBINDUNG ZUM REICH DER TOTEN.
ZIEMLICH BEEINDRUCKEND, ODER?

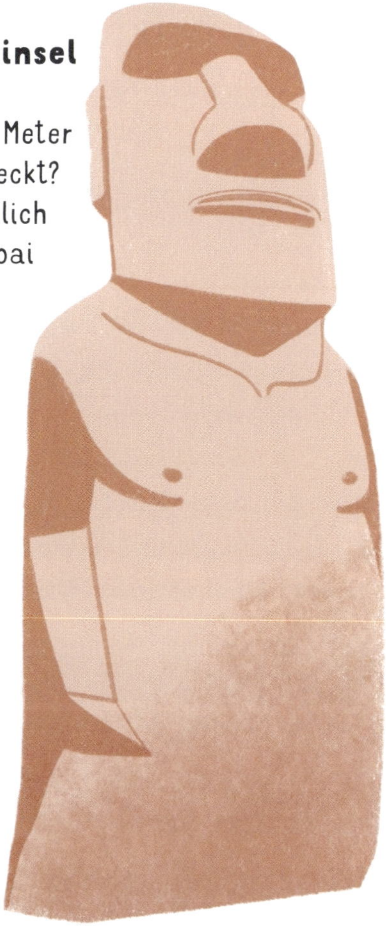

• Rüstungen

(Saal 93)

Die Samurai waren japanische Krieger. Auf dem Schlachtfeld trugen sie Rüstungen, die an einigen Stellen wie Schuppenpanzer aus Metallplättchen zusammengesetzt waren. Jeder Teil des Körpers musste geschützt sein – von den Füßen bis zum Kopf, auf dem ein seltsam geformter Helm getragen wurde.

ERINNERT EUCH DER HELM AUCH AN EINE FIGUR AUS *STAR WARS*?

COVENT GARDEN

Dear friends, ich kriege langsam Hunger,
was haltet ihr von einem Snack?

Einst befand sich auf dem Platz von *Covent Garden*, der *Piazza*, der wichtigste Markt in ganz England. Hier wurden an den Obst- und Gemüseständen exotische Waren verkauft. Ringsum entstanden Theater und Kaffeehäuser. Auch heute noch ist *Covent Garden* ein quirliger Bezirk, wo man Straßenkünstler, Kunstausstellungen und Theateraufführungen bestaunen kann.

Die Markthalle befindet sich in einem imposanten Gebäude mit einem Glasdach. An Weihnachten zaubern Tausende kleiner Lämpchen eine magische Atmosphäre. Heute findet man hier nicht nur Marktstände, sondern auch Kunsthandwerk, Boutiquen und andere kleine Geschäfte und Lokale.

HIER DUFTET ES NACH FISH AND CHIPS ...

- **Frittierter Fisch und Pommes**

Fish and Chips ist ein Lieblingsgericht der Briten. Es besteht aus einem großen panierten Kabeljaufilet, gewürzt mit Salz und Essig, dazu eine leckere Portion Pommes frites. In Großbritannien gibt es über zehntausend *Fish-and-Chips*-Lokale!

TRAFALGAR SQUARE

Willkommen auf dem berühmtesten Platz von London!

Das Erste, was auffällt, wenn man den *Trafalgar Square* betritt, ist die Säule zu Ehren des Admirals Horatio Nelson. Das Denkmal ist sehr hoch und überragt alles – stellt euch mal zehn Giraffen übereinander vor!

Unten auf dem Sockel wachen vier riesige steinerne Löwen. Um sie so naturgetreu wie möglich zu gestalten, bat der Bildhauer den Londoner Zoo, ihn sofort zu informieren, wenn ein Löwe gestorben sei. Als das schließlich passierte, ließ er das tote Tier in sein Atelier bringen, doch der Gestank wurde bald so unerträglich, dass er ohne „Modell" fortfahren musste.

• **Der Nationalheld**

Oben auf der Säule steht die Statue von Admiral Horatio Nelson, der als der vielleicht berühmteste Admiral aller Zeiten in die Geschichte eingegangen ist. Er führte am 21. Oktober 1805 die britische Navy gegen die französisch-spanische Flotte zum Sieg in der berühmten Schlacht von Trafalgar und verstarb am selben Tag durch eine feindliche Kugel.

Schaut genau hin – fällt euch irgendetwas Besonderes auf?

GANZ GENAU! DER ADMIRAL IST EINARMIG DARGESTELLT, DA ER BEI EINER SCHLACHT AUF DEN KANARISCHEN INSELN EINEN ARM VERLOREN HATTE.

Suchspiel

Es heißt, wenn man sich auf dem Trafalgar Square ein wenig aufhält, trifft man immer jemanden, den man kennt. Ich habe bereits meine 4 Rabenfreunde John, Harry, Willy und Bert gesehen. Entdeckt ihr sie auch?

ALLE AN BORD!

• Doppeldeckerbus

Früher nahmen die Londoner den Pferdeomnibus. Das war eine von drei Pferden gezogene Kutsche, die bis zu achtzehn Passagiere transportieren konnte. Man musste ans Dach klopfen oder dem Fahrer zurufen, wenn man aussteigen wollte!

Ab 1956 fuhren die *Routemaster*, die berühmtenrotenDoppeldeckerbusse, durch London und wurden sofort zu einem Markenzeichen der Stadt.

BIS NOCH VOR EIN PAAR JAHREN HATTEN DIE BUSSE HINTEN EINEN OFFENEN HECKEINSTIEG, SODASS DIE PASSAGIERE BEI LAUFENDER FAHRT EIN- UND AUSSTEIGEN KONNTEN!

• The Tube

Die Londoner U-Bahn *The Tube* ist über hundertfünfzig Jahre alt und die älteste Metro der Welt! Jede der elf U-Bahn-Linien hat eine andere Farbe, von Braun bis Türkis.

„*MIND THE GAP*“ ist das Erste, was ihr beim Betreten hört. Das heißt, dass ihr beim Einsteigen auf den Spalt zwischen Zug und Bahnsteig achten sollt.

• Das Verkehrsmuseum

Die unterhaltsamste Art, die öffentlichen Verkehrsmittel Londons kennenzulernen, ist ein Besuch im *London Transport Museum.* Dort sind über achtzig Fahrzeuge ausgestellt – bei vielen kann man sogar einsteigen und in historische Kostüme schlüpfen.

Wer will, kann in einen Simulator steigen und selbst einmal eine U-Bahn steuern!

Ready, steady, go! Auf geht's zu unserem letzten Abenteuer.

ROUTE 4

Heute besuchen wir die *City of London*, das ist das historische Finanzviertel Londons. Hier erheben sich Wolkenkratzer über mittelalterlichen Gassen. Wir werden über die Hochhäuser staunen, die Geheimnisse eines alten Theaters entdecken und uns dann an das Nordufer der Themse begeben, wo ich wohne!

So, come on and follow me!

- **Gruselig, aber genial**
  Die beliebte rote Telefonzelle - eines der Markenzeichen der Stadt - geht tatsächlich auf ein Grabmal zurück! Sir Giles Gilbert Scott, der mit seinem Entwurf den Design-Wettbewerb gewann, hatte die Gestaltung von einem Mausoleum übernommen, das er auf einem Friedhof gesehen hatte.

- **Knallig bunt**
  Das Rot der Briefkästen hat im Englischen einen eigenen Namen: *Pillar Red.* Nur wenige wissen, dass die Briefkästen nicht immer rot gewesen sind. Noch 1859 war die offizielle Farbe Grün! Als sich jedoch mehrere Personen beschwerten, die Briefkästen seien so schwer zu erkennen, führte die Royal Mail eine knalligere Farbe ein.

ES DAUERTE ZEHN JAHRE, BIS ALLE BRIEFKÄSTEN NEU GESTRICHEN WAREN!

GLOBE THEATRE

„Sein oder Nichtsein, das ist hier die Frage!"

Am Ufer der Themse stand eines der berühmtesten Theater der Welt. Hier wurden die Stücke von *William Shakespeare*, dem Verfasser von *Hamlet* oder *Romeo und Julia* aufgeführt. Das Theater wurde im 20. Jahrhundert zu Ehren des britischen Nationaldichters rekonstruiert.

Das Originaltheater war 1613 bei einem Brand zerstört worden. Bei einem Stück wurde eine Kanone abgefeuert, wodurch das Strohdach Feuer fing und das ganze Gebäude, das aus Holz bestand, niederbrannte.

• Julia ... mit Bart

Zur Zeit Shakespeares durften Frauen nicht schauspielern. Alle weiblichen Rollen wurden deshalb von Männern übernommen, die sich in Verkleidung und mit Perücken alle Mühe gaben, wie echte Damen zu wirken ... manchmal sogar mit Bart!

• Was ist das für ein merkwürdiger Stein in der Cannon Street Nr. 111?

Es ranken sich allerlei Legenden um den *Stone of London*. Eine besagt, es handle sich um den Stein, aus dem König Arthur das Schwert Excalibur zog! Einer anderen Legende zufolge ist er ein Altarstein aus Troja, von wo der Stadtgründer Brutus von Britannien stammen soll:

„So lange der Stein von Brutus sicher ist, so lange wird London gedeihen!"

Gut, dass der Stein hinter Glas gesichert ist!

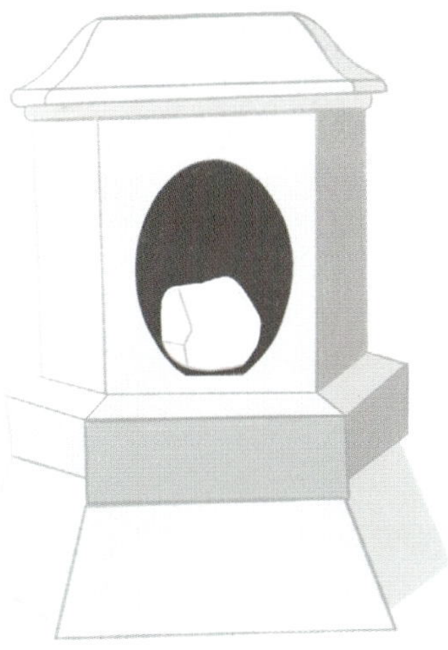

DIE WOLKENKRATZER VON LONDON

Und nun schauen wir uns London von hoch oben an!

In den letzten Jahren hat sich die Skyline Londons gewandelt. Zu den klassischen Silhouetten von *Big Ben* und *Tower Bridge* sind eine kolossale Käsereibe, eine gigantische Gurke und ein wahnsinnig großes Walkie-Talkie hinzugekommen. *Oh no, my friends*, ich bin nicht verrückt geworden! Das sind die Spitznamen der Wolkenkratzer!

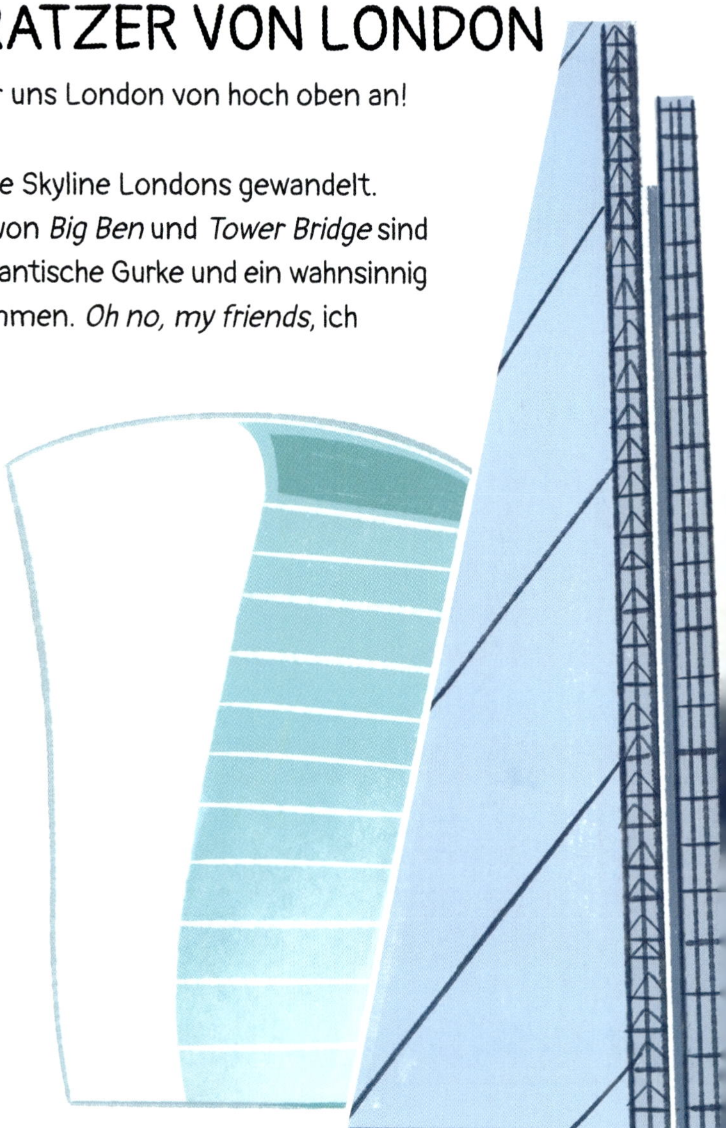

20 Fenchurch Street

Spitzname: *Walkie-Talkie*
Eröffnung: 2014
Höhe: 160 Meter
Anzahl der Etagen: 37
Besonderheit:
der *Sky Garden* im 43. Stockwerk

122 Leadenhall Street

Spitzname: *Cheesegrater* (Käsereibe)
Eröffnung: 2014
Höhe: 225 Meter
Anzahl der Etagen: 48
Besonderheit:
Die Fassade besteht aus 70 000 Quadratmeter Glas.

• Nur nicht runtergucken!

Die Fenster eines Wolkenkratzers zu putzen, ist sicher nichts für Menschen mit Höhenangst. Die beherzten Fensterputzer müssen sich tatsächlich über eine doppelte Seilsicherung an der steilen Glaswand hinunterlassen. Um eine Fassade wie die von The Shard zu reinigen, so groß wie acht Fußballfelder, ist ein Team von siebzehn Männern ca. drei Monate lang beschäftigt.

UND WENN SIE FERTIG SIND, GEHT ES WIEDER VON VORNE LOS!

The Shard

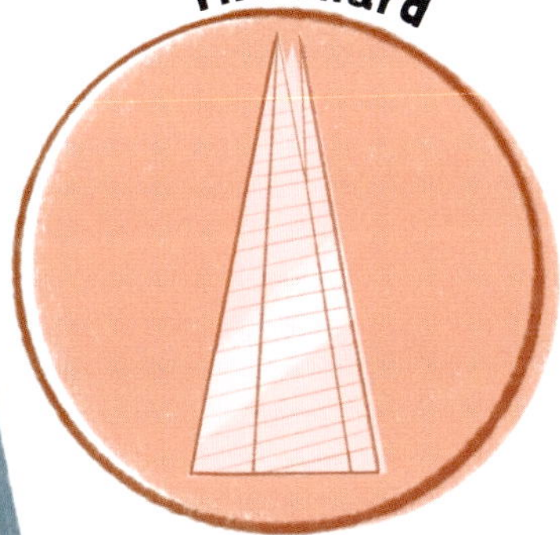

Spitzname: *The Shard* (die Glasscherbe)
Eröffnung: 2012
Höhe: 309 Meter
Anzahl der Etagen: 87
Besonderheit: Die Spitze ist der höchste Ausichtspunkt von ganz London.

Erfindet euren eigenen Wolkenkratzer!

Welchen Spitznamen würdet ihr ihm geben? Wie viele Stockwerke hätte er? Wie würdet ihr ihn innen ausstatten: etwa mit einem Basketballfeld, einem Spielzeugladen, einer Eisbahn oder einer Schokoladenfabrik, wie der von Willy Wonka im Musical *Charlie und die Schokoladenfabrik?*

30 St. Mary Axe

Spitzname: *The Gherkin* (die Gewürzgurke)
Eröffnung: 2004
Höhe: 180 Meter
Anzahl der Etagen: 41
Besonderheit: 7429 Glasscheiben

TOWER BRIDGE & TOWER OF LONDON

Look! Seht! Die Brücke klappt hoch!

Die Tower Bridge zählt zu den Wahrzeichen Londons. Was die Brücke abgesehen von den beiden seitlichen Türmen so besonders macht, ist der Mechanismus, mit dem sie hochgeklappt wird, damit größere Schiffe sie passieren können.

ZUM ÖFFNEN UND SCHLIESSEN
BRAUCHT SIE NUR JE 90 SEKUNDEN!

ES WIRD ZEIT, WIEDER NACH HAUSE ZURÜCKZUKEHREN!

Seht ihr das da unten? Die Festung? Dort wohne ich!
Seit der *Tower of London* vor über 900 Jahren erbaut wurde, dient er als königlicher Palast, Waffenarsenal und sogar als Gefängnis.
Heute kommen Besucher hierher, die seine Geheimnisse entdecken wollen.
Und natürlich wollen alle die funkelnden Kronjuwelen sehen!

• Darf ich euch einen Freund vorstellen?

Eine alte Legende besagt, wenn die Raben den *Tower of London* verlassen sollten, fällt die Krone und mit ihr Großbritannien. Deshalb gibt es jemanden, der sich um mich und meine acht Rabenfreunde kümmert. Gemeinsam mit seinen drei fleißigen Assistenten hält der *Raven Master* unser Haus sauber, füttert und streichelt uns. Im Gegenzug müssen wir uns anständig benehmen.

Goodbye my friends! Wenn ihr wieder mal nach London reist, kommt mich besuchen!

UND DENKT DARAN: DIE FANTASIE VERMAG JEDEN ORT ZUM LEBEN ZU ERWECKEN!

LAURA RE

Laura Re wurde in Rom geboren, wo sie die Comic-Schule besuchte. Im Anschluss daran arbeitete sie mit Animationsstudios zusammen und fungierte als Character Designer, Concept Artist und Illustratorin. Nach ihrem Abschluss an der Internationalen Schule für Illustration in Sarmede zog sie nach Mailand, um einen Master in Illustration an der MiMaster zu absolvieren. Hier vertiefte sie ihre Kenntnisse der Verlagswelt und der Illustration von Kinderbüchern.

DANIELA CELLI

Daniela Celli wurde 1977 in Florenz geboren. Nach ihrem Klavier-Studium am Konservatorium Luigi Cherubini zog sie nach New York, um ein Studium der Kriminologie zu beginnen. 1997 kehrte sie nach Italien zurück, erlangte einen Abschluss in Jura und im Anschluss daran ein Diplom der Theaterakademie. Sie reist seit jeher leidenschaftlich gern und schreibt seit 2008 einen Blog über die Abenteuer, die sie mit ihrer Familie auf Reisen um die ganze Welt erlebt.

Sir Raven lebt mit seinen Rabenfreunden im *Tower of London*. Für einen Raben ist er äußerst wohlerzogen und begrüßt alle Besucher der Festung krächzend mit einem „Good Morning!“. Er liebt es, über die Dächer der *City* zu fliegen und Lieder aus *Mary Poppins* zu singen, Käse-Sandwiches zu verspeisen und mit dem König Tee zu schlürfen.

Producing der deutschen Ausgabe:
SAW Communications, Redaktionsbüro Dr. Sabine A. Werner, Klein-Winternheim
Übersetzung: SAW Communications, Janine Malz
Lektorat: SAW Communications, Dr. Sabine A. Werner

ISBN 978-88-6312-593-1
4 5 6 29 28 27 26 25

Gedruckt in Slowenien von
GRAFIKA SOCA D.O.O.
SEDEJEVA 4
5000 NOVA GORICA

FSC www.fsc.org MIX Papier | Fördert gute Waldnutzung FSC® C178000

Layout
Valentina Figus